DUET

Sonatensatz für **Viola** und **Violoncello.**

Allegro. **hoven.**

30
35
poco riten.
espressivo
40
45
cresc.
cresc.

50
cresc.
fp
f
p
tr
55
p spiccato
60
mp
fp
65
1
2

70
75
cresc.
cresc.
80
85
sempre p
mf espressivo
cantabile

90
cresc.
95
fp
fp
cresc.
100
molto
ff
105
pizz.
arco
pizz.
dimin. e ritard.
Adagio.
arco
pp
f
arco

110
mf
115
mf
f
120
f
dimin.
p
125
cresc.
130
f
f
dimin.
p
135
mf

ten.
espr.
140
p
calando
a tempo
145
p
150
mp
p
cresc.
155
fp
cresc.
f
160
p
spiccato
cresc.
Vcello:

(tr)
165
cresc.
tr
f
170
p
175
180
pp
185
190
cresc. al Fine
195
ff